BEI GRIN MACHT SICH IHR WISSEN BEZAHLT

- Wir veröffentlichen Ihre Hausarbeit, Bachelor- und Masterarbeit

- Ihr eigenes eBook und Buch - weltweit in allen wichtigen Shops

- Verdienen Sie an jedem Verkauf

Jetzt bei www.GRIN.com hochladen und kostenlos publizieren

Gegenüberstellung der Vollzeitäquivalent-Berechnung bei den Vorgehensmodellen Scrum und Wasserfall

Leon Salz

Bibliografische Information der Deutschen Nationalbibliothek:

Die Deutsche Nationalbibliothek verzeichnet diese Publikation in der Deutschen Nationalbibliografie; detaillierte bibliografische Daten sind im Internet über http://dnb.d-nb.de abrufbar.

ISBN: 9783346576002
Dieses Buch ist auch als E-Book erhältlich.

© GRIN Publishing GmbH
Nymphenburger Straße 86
80636 München

Druck und Bindung: Books on Demand GmbH, Norderstedt Germany
Gedruckt auf säurefreiem Papier aus verantwortungsvollen Quellen

Das Buch bei GRIN: https://www.grin.com/document/1167414

Hochschulzentrum Düsseldorf

Scientific Essay

Im Dualen Studiengang Wirtschaftsinformatik

für das Modul: Software Engineering

Über das Thema

Gegenüberstellung der Vollzeitäquivalent-Berechnung bei den Vorgehensmodellen Scrum und Wasserfall

Von

Leon Salz

II

Inhaltsverzeichnis

I. Abbildungsverzeichnis

II. Abkürzungsverzeichnis

1 Einleitung

Obwohl sich Projektmanagement-Methoden agiler und klassischer Verfahrensweise weiterentwickeln, fehlt bei einigen Projekten die Übersicht und der Ablauf ist planlos. Ein Grund dafür ist, dass die Verwendung des Vollzeitäquivalent zur Berechnung der Personalbedarfsplanung bei Projekten noch keine bewährte Praxis ist. VZÄ ist Teil der Zeitplanung und des Zeitmanagements, welches essenzielle Bedeutung für die fristgerechte und effiziente Durchführung der Projekte hat. Um die Zeitplanung bestmöglich umzusetzen, muss zum einen die Berechnung verstanden werden und zum anderen muss ein Ablaufplan mit den Zielen, sowie mit den dafür vorgesehenen Mitarbeitern und deren Zeitaufwand erstellt werden. Der Ablaufplan garantiert Transparenz und der Projektleiter weiß zu jedem Zeitpunkt welche Mitarbeiter an welchem Teilprojekt arbeiten und wann er sie anderweitig einsetzen kann.

Anhand eines fiktiven Beispielprojektes im Bereich der Software-Entwicklung soll aufgezeigt werden, wie Personalbedarfsplanung in einer klassischen und agilen Projektmanagement-Methode durchgeführt wird. Für das klassische Projektmanagement wird die Wasserfall-Methode ausgewählt und für das agile Projektmanagement Scrum.

Um herauszufinden, wie die VZÄ-Berechnung bei Wasserfall und Scrum optimal durchzuführen ist wurde auf die Sammlung von Fachliteratur mit der Schneeballmethode, sowie qualitativer Inhaltsanalysen zurückgegriffen. Bei der induktiven Datenerhebung wurde vorwiegend auf das Literaturangebot des Online Campus der FOM zurückgegriffen, sowie Google Scholar und andere Internetquellen. Bei der Literaturrecherche wurde deutlich, dass sich der aktuelle Forschungsstand lediglich auf die Einzelthemen Wasserfall, Scrum und VZÄ bezieht und in diesem Bereich durchschnittlich ist. Auffallend ist ein Mangel an empirischer Literatur und Studien bei Kombination der Einzelthemen. Durch diesen Scientific Essay soll aufgezeigt werden, dass Personalbedarfsplanung vor der Projektdurchführung unerlässlich ist und welche Einflussfaktoren bei agilen und klassischen Projektmanagement-Methoden unbedingt zu beachten sind.

6

2 Grundlagenteil

2.1 Das Vollzeitäquivalent als Berechnungsgrundlage

Die Komplexität der Personalbedarfsplanung steigert sich kontinuierlich. Infolgedessen hat sich die Nutzung des VZÄ (Englisch: Full-Time-Equivalent, kurz FTE) etabliert. Im Vordergrund steht nicht die Anzahl realer Mitarbeiter oder Stellen in einem Unternehmen, jedoch wird der Zeitwert, den eine Vollzeit- und/oder Teilzeit-Arbeitskraft erbringen kann, aufgezeigt. Den VZÄ kann man sowohl jährlich, monatlich, wöchentlich oder sogar täglich betrachten. Für die meisten Projekte eignet sich die wöchentliche Betrachtung. Schlussfolgernd bedeutet hier 1 VZÄ = 40 Wochenarbeitsstunden = 5 Tage * 8 Arbeitsstunden. Zur Veranschaulichung folgt eine Übersicht für die Anzahl des VZÄ und die damit verbundenen Arbeitstage pro Woche.

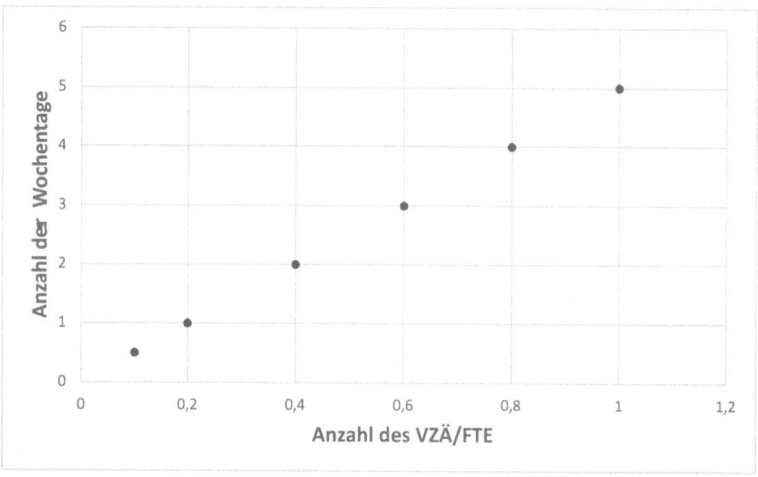

Abbildung 1: Visualisierung des wöchentlichen Vollzeitäquivalent

Diese Berechnungsgrundlage kann für die Personalbedarfsplanung von Projekten, Dienstleistungen oder der physischen Produktion genutzt werden. Allgemeine Wichtigkeit im Unternehmen hat die Geschäftsprozessoptimierung, die dafür sorgt, Kosten zu senken und gleichzeitig das Service-Level und die Produktqualität zu erhöhen.[1] Um Effizienz, Agilität und die Erfüllung der Kundenanforderungen in einem Projekt gewährleisten zu können ist ein klarer Fokus essenziell. Besonders bei komplexen Projekten, wie zum Beispiel der Software-Entwicklung ist Ordnung und Einfachheit innerhalb der Prozesse erforderlich. Basierend auf dieser Erkenntnis sollten Unternehmen VZÄ als Berechnungsgrundlage für die Personalbedarfsplanung bei einem Projekt verwenden, um während der Durchführung Überblick in vollem Umfang zu haben. Prozesse, die genau überwacht werden, gewährleisten den erfolgreichen Abschluss des Projekts. Prozessverbesserungen durch die VZÄ-Berechnungsgrundlage lassen sich mit Konzepten wie Six-Sigma oder Lean in Verbindung bringen. Absicht von Six-Sigma ist nicht die Reduktion von Arbeitszeiten in Prozessen, sondern die Fehlerreduzierung.[2] Das Ziel von Lean, welches maßgeblicher Bestandteil von Scrum ist, beinhaltet die Erhöhung der Prozessgeschwindigkeit, sowie die Reduzierung des investierten Kapitals durch Verringerung der Verschwendung.[3]

2.2 Die klassische Projektmanagement-Methode Wasserfall

Durch diverse Schätzungen kann abgeleitet werden, dass 50% - 80% aller Projekte nicht innerhalb des festgelegten Zeit- und Kostenrahmens abgeschlossen werden. Ursächlich hierfür ist oft ein mangelndes Projektmanagement.[4] Umso wichtiger ist es, dass Projekte nach einem Vorgehensmodell ablaufen. Ein lineares, nicht iteratives Modell, welches oft für die Entwicklung von Software verwendet wird, ist das Wasserfall-Modell. Bestandteil sind folgende sechs Phasen mit definierten Zielen,

---

[1] Vgl. Meyer, Larry: Business process optimization, 2006
[2] Vgl. Urdhwareshe, Hemant: Six Sigma for Business Excellence: Approach, Tools and Applications, 2011, S. 1
[3] Vgl. Urdhwareshe, Hemant: Six Sigma for Business Excellence: Approach, Tools and Applications, 2011, S. 286
[4] Vgl. Controller Magazin: Heft 3/2012, 2012, S. 69-74

8

sowie Start- und Endpunkten: Planung →Definition →Entwurf →Implementierung →Test →Wartung und Pflege. Dabei muss jede Phase vollständig abgeschlossen werden bevor mit der darauffolgenden Phase begonnen wird. Lediglich im erweiterten Wasserfall-Modell darf z.b. von der Entwurfsphase in die Definitionsphase zurückgegangen werden.[5] Demzufolge lässt sich folgende Zielausrichtung ableiten:

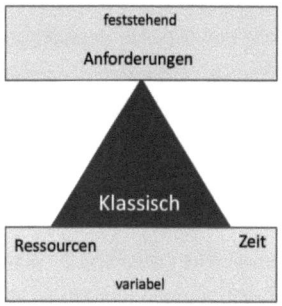

Abbildung 2: Zielausrichtung des Wasserfall-Modells[6]

Die Konzeption besteht dabei aus der Dokumentation der Phasen. Durch die einfache Verständlichkeit der Methode ist der Aufwand für das Management gering. Der Auftraggeber ist meist nur in der Analyse- und Designphase eingebunden und dann erst wieder bei der Übergabe des Projekts.[7] Eine fundierte Methode, wenn es um kleine oder mittelgroße Softwareprojekte mit unveränderlichen Anforderungen geht oder wenn es um Projekte geht, bei denen überdurchschnittlich viele Regeln und Vorschriften eingehalten werden müssen. Gegebenenfalls kann es vorkommen, dass der Auftraggeber bei der Übergabe nicht zufrieden ist, aber dadurch, dass der Auftraggeber so wenig eingebunden war, es nicht aufgefallen ist. Dadurch, dass Probleme bei der Abgrenzung auftreten können, Fehler später oder sogar gar nicht erkannt werden und Rückschritte in der Praxis unvermeidbar sind ist die Wasserfall-Methode nur für spezielle Projektarten konzipiert.[8]

---

[5] Vgl. Raso, Stiven: Software Engineering Skript, 2015, S. 70
[6] Vgl. Raso, Stiven: Software Engineering Skript, 2015, S. 69
[7] Vgl. Raso, Stiven: Software Engineering Skript, 2015, S. 71
[8] Vgl. Raso, Stiven: Software Engineering Skript, 2015, S. 73

2.3 Die agile Projektmanagement-Methode Scrum

Eines der bekanntesten agilen Vorgehensmodelle ist Scrum. Diese Modelle über-zeugen durch die iterative Entwicklung, intensive Kundenkommunikation mit inbe-griffenem Feedback und einem schlanken, sowie flexiblen Entwicklungsprozess. Im Gegensatz zu klassischen Modellen ist der Planungs- und Dokumentationsaufwand gering. Die Vision, die eine Kurzbeschreibung des Projekts darstellt und die User Story, welche eine funktionale oder nicht funktionale Anforderung darstellt, sind Teil des Paradigmas.[9] Die Terminologie besteht aus den Story Points, die den Aufwand einer User Story repräsentieren. Wenn die User Story umfänglich ist, wird es als Epic bezeichnet. Das Product Backlog enthält die User Storys und Epics des Projekts. Der Task besteht aus einer User Story. Definition of Done beschreibt, wann ein Task abgeschlossen ist. Der Sprint, der normalerweise eine Dauer von 2 – 4 Wochen auf-weist ist ein Synonym für die Iteration. Das Sprint Backlog enthält alle Tasks für ein Sprint.[10] Im Scrum-Team befindet sich der Product Owner, der die Stimme des Kun-den repräsentiert, Das Team mit 5 – 9 Personen und der Scrum Master, der das Bindeglied zwischen Business und Produktion darstellt. Auf der gegenüberliegenden Seite befinden sich Kunden, Benutzer, Lieferanten und das Management.[11] Der Burndown-Chart spiegelt die Velocity wider, also die Anzahl der umgesetzten Story-Points pro Iteration.[12] Der Sprint besteht dabei aus folgenden Phasen: Planen→Ent-werfen→Entwickeln →Testen→Funktionsfähiges Inkrement ausliefern→Überprü-fung. Danach erfolgt der nächste Sprint.[13]

[9] Vgl. Raso, Stiven: Software Engineering Skript, 2015, S. 77
[10] Vgl. Raso, Stiven: Software Engineering Skript, 2015, S. 78 f.
[11] Vgl. Raso, Stiven: Software Engineering Skript, 2015, S. 82
[12] Vgl. Raso, Stiven: Software Engineering Skript, 2015, S. 86
[13] Vgl. Shiklo, Boris: 8 Vorgehensmodelle der Softwareentwicklung, 2019

Demnach lässt sich für das Scrum-Modell folgende Zielausrichtung ableiten:

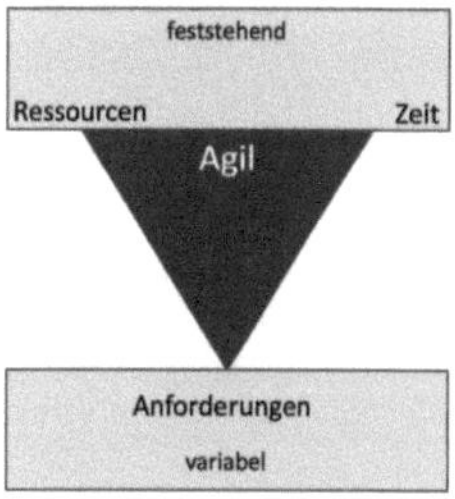

Abbildung 3: Zielausrichtung des Scrum-Modells[14]

3 Personalbedarfsplanung

An dieser Stelle sei anzuführen, dass die Ausgangslage für die Gegenüberstellung der Personalbedarfsplanung bei agiler und klassischer Verfahrensweise, die durch die VZÄ-Berechnungsgrundlage ergänzt wurde, ein fiktives Projekt zur Erstellung einer Individualsoftware für ein Unternehmen ist. Das Analytische Schätzverfahren bildet die Grundlage für die Erstellung der Tabellen hinsichtlich der Arbeitszeiten. Bei den Kosten handelt es sich lediglich um das Median-Gehalt bzw. der ausgerechnete Mittelwert aus der Spannweite des Gehalts. Es sei anzunehmen, dass die Kosten bei einem realen Projekt durch Lohnnebenkosten und andere Faktoren um ein Vielfaches ansteigen würden. Die FTE/VZÄ Spalte eignet sich für die Berechnungsgrundlage, da die jeweiligen VZÄ Anteile der Akteure mit dem wöchentlichen Gehalt, bzw. mit dem Gehalt pro Sprint multipliziert werden können. So kann man die Einzelgehälter addieren und erhält die Kosten pro Phase oder Sprint.

---

[14] Vgl. Raso, Stiven: Software Engineering Skript, 2015, S 69

3.1 Personalbedarfsplanung eines Software-Entwicklungs-Projekt unter Verwendung der Wasserfall-Methode

	Planung		Definition		Entwurf		Implementierung (2 Wochen)		Test (2 Wochen)		Wartung ung Pflege			
	Anzahl Arbeitstage pro Sprint	FTE	Anzahl Arbeitstage pro Sprint	FTE	Anzahl Arbeitstage pro Sprint	FTE	Anzahl Arbeitstage pro Sprint	FTE	Anzahl Arbeitstage pro Sprint	FTE	Anzahl Arbeitstage pro Sprint	FTE	Summe der Arbeitstage	Mitarbeiterkosten im Projekt
Projektleiter	5	1,0	3	0,6	2	0,4	4	0,8	4	0,8	3	0,6	21	5.191,59 €
Developer	3	0,6	3	0,6	3	0,6	10	2,0	10	2,0	3	0,6	32	6.201,38 €
Devops	3	0,6	3	0,6	3	0,6	10	2,0	10	2,0	2	0,4	31	6.261,29 €
Software Architekt	3	0,6	3	0,6	3	0,6	10	2,0	10	2,0	2	0,4	31	7.927,45 €
UX-Designer	3	0,6	2	0,4	2	0,4	5	1,0	5	1,0	3	0,6	20	3.343,45 €
Field Expert	2	0,4	1	0,2	1	0,2	3	0,6	2	0,4	1	0,2	10	1.717,70 €
Qualitätssicherung	1	0,2	0	0	0	0	2	0,4	8	1,6	3	0,6	14	1.840,28 €
Req. Engineer	4	0,8	4	0,8	2	0,4	3	0,6	3	0,6	1	0,2	17	3.908,83 €
Summe der Kosten pro Phase:	5.086,80 €		4.121,98 €		3.414,90 €		9.807,68 €		10.424,60 €		3.536,00 €		Gesamt-kosten:	36.391,95 €

Abbildung 4: Personalplanung innerhalb des Wasserfall-Modells ([15], [16], [17], [18], [19], [20], [21], [22])

Die in Abbildung 4 dargestellte Tabelle ist die, aus der Personalbedarfsplanung resultierende Darstellung der Anzahl der Arbeitstage einzelner Mitarbeiter, sowie die Zusammensetzung der Kosten des Projekts. Als Berechnungsgrundlage wurde der FTE bzw. VZÄ verwendet, der wie folgt aufgegliedert wurde.

VZÄ	Tage pro Woche
1	5
0,8	4
0,6	3
0,4	2
0,2	1
0,1	0,5

Abbildung 5: VZÄ als Berechnungsgrundlage bei der Wasserfall-Methode

Lediglich bei der Implementierungs- und Test-Phase wurde der VZÄ, bedingt durch die zweiwöchigen Phasen, verdoppelt.

---

[15] Vgl. Gehalt.de: Gehalt Projektleiter, 2021
[16] Vgl. Gehalt.de: Gehalt Developer, 2021
[17] Vgl. Gehalt.de: Gehalt Devops, 2021
[18] Vgl. Gehalt.de: Gehalt Software Architekt, 2021
[19] Vgl. Gehalt.de: Gehalt UX-Designer, 2021
[20] Vgl. Gehalt.de: Gehalt Field Expert, 2021
[21] Vgl. Gehalt.de: Gehalt Qualitätssicherung, 2021
[22] Vgl. Gehalt.de: Gehalt Requirements Engineer, 2021

An dieser Stelle sei positiv anzumerken, dass durch das analytische Schätzverfahren, welches auf historische Daten zurückgreift, eine schnelle Übersicht geschaffen werden kann, die aber lediglich als Orientierung genutzt werden sollte. Bei Projekten, die wenig Umfang aufweisen und reibungslos ablaufen, weichen die Kosten kaum von den Endkosten ab und man kann die Gesamtkosten als Berechnungsgrundlage verwenden.

Unsicher ist es, wenn Firmen mit dem erweiterten Wasserfall-Modell arbeiten. Das bedeutet, dass beispielsweise nach Abschluss der Entwurf-Phase doch wieder in der Entwurf-Phase gearbeitet werden kann, wenn in der Implementierungs-Phase durch interne Personen oder durch Kommunikation mit dem Auftraggeber auffällt, dass das Projekt vom Ziel abweicht. Dadurch, dass das Modell nur auf den Faktor „Zeit" achtet und das Projekt in Verzug kommt, hat die Personalbedarfsplanungs-Tabelle hat keine Aussagekraft mehr.

Ein weiterer Faktor, der sich auf die Gültigkeit, der in Abbildung 4 aufgezeigten Tabelle auswirkt, sind die unterschiedlichen Preismodelle.

„Individualsoftware zum Festpreis"[23] wird hauptsächlich für kleinere Projekte verwendet. Dabei kann man die oben aufgeführte Tabelle als Grundlage nehmen und dem Auftraggeber ein Angebot machen. Dabei sollte der Preis so kalkuliert werden, dass nach Abzug aller Kosten ein Überschuss erwirtschaftet wird. Wenn eine Phase wiederholt werden muss und der Aufwand somit größer ist, zahlt der Auftragnehmer drauf.

Bei dem Preismodell „Individualsoftware mit aufwandsbezogener Bepreisung" wird bei kleineren Projekten die Abrechnung auf Stundenbasis erfolgen und bei größeren Projekten wird nach Tagessätzen abgerechnet. Der Auftragnehmer trägt die Beweislast für Höhe, Notwendigkeit und alle erbrachten Leistungen des Aufwands.[24]

---

[23] Vgl. Fürst, Andrea: Abbruchentscheidungen in Softwareentwicklungsprojekten, 2010, S. 306
[24] Vgl. Fürst, Andrea: Abbruchentscheidungen in Softwareentwicklungsprojekten, 2010, S. 311

3.2 Personalbedarfsplanung eines Software-Entwicklungs-Projekt unter Verwendung der Scrum-Methode

	Sprint 1		Sprint 2		Sprint 3		Sprint 4		Sprint-Übersicht	
	Analyse / Design		Entwicklung / Implementierung		Qualitätsmanagement		Go-Live			
	Anzahl Arbeitstage pro Sprint	FTE	Anzahl Arbeitstage pro Sprint	FTE	Anzahl Arbeitstage pro Sprint	FTE	Anzahl Arbeitstage pro Sprint	FTE	Summe der Arbeitstage	Mitarbeiterkosten im Projekt
Scrum Master	4	0,4	3	0,3	2	0,2	2	0,2	11	2.119,08 €
Product Owner	10	1,0	3	0,3	5	0,5	10	1,0	28	6.346,67 €
Developer	2	0,2	10	1,0	6	0,6	2	0,2	20	3.875,86 €
Devops	10	1,0	10	1,0	6	0,6	2	0,2	28	5.655,36 €
Software Architekt	10	1,0	3	0,3	4	0,4	2	0,2	19	4.858,76 €
UX-Designer	10	1,0	3	0,3	5	0,5	4	0,4	22	3.677,79 €
Field Expert	3	0,3	2	0,2	3	0,3	2	0,2	10	1.717,70 €
Qualitätssicherung	0	0,0	0	0,0	10	1,0	4	0,4	14	1.840,28 €
Summe der Kosten pro Sprint	10.188,87 €		6.827,86 €		7.581,79 €		5.492,97 €		Gesamtkosten:	30.091,49 €

Abbildung 6: Personalplanung innerhalb eines Scrum-Modells ([25], [26], [27], [28], [29], [30], [31], [32])

Diese Tabelle ist das Resultat der Personalbedarfsplanung bei einem Scrum-Projekt und zeigt sowohl die Anzahl der Arbeitstage einzelner Mitarbeiter, die Auslastung, sowie die Gesamt- und Teilkosten auf. Ebenso wird sie die Grundlage für das Preismodell agiler Projekte. Der VZÄ wurde auf der Grundlage aufgebaut, dass sich ein Sprint über eine Dauer von zwei Wochen erstreckt und somit ergibt sich folgende Aufgliederung.

---

[25] Vgl. Gehalt.de: Gehalt Scrum Master, 2021
[26] Vgl. Gehalt.de: Gehalt Product Owner, 2021
[27] Vgl. Gehalt.de: Gehalt Developer, 2021
[28] Vgl. Gehalt.de: Gehalt Devops, 2021
[29] Vgl. Gehalt.de: Gehalt Software Architekt, 2021
[30] Vgl. Gehalt.de: Gehalt UX-Designer, 2021
[31] Vgl. Gehalt.de: Gehalt Field Expert, 2021
[32] Vgl. Gehalt.de: Gehalt Qualitätssicherung, 2021

14

VZÄ	Tage pro Sprint
1	10
0,9	9
0,8	8
0,7	7
0,6	6
0,5	5
0,4	4
0,3	3
0,2	2
0,1	1

Abbildung 7: VZÄ als Berechnungsgrundlage bei der Scrum-Methode

Als Preismodell wird bei agilen Projektmethoden eine spezielle Art der aufwandsbezogenen Bepreisung verwendet. Die Tabelle in Abbildung 6 wird demnach als „geschätzter Aufwand" verwendet. Da die Abrechnung nach jedem Sprint erfolgt gibt es folgende drei Möglichkeiten. Der tatsächliche Aufwand entspricht dem geschätzten Aufwand und die Kosten für die Abrechnung können aus der Tabelle entnommen werden. Wenn der Sprint unterbezahlt ist, ist der tatsächliche Aufwand geringer als der geschätzte Aufwand und der gesparte Aufwand wird abgezogen, so dass der Auftraggeber auch nur den tatsächlichen Aufwand bezahlen muss. Die letzte Möglichkeit behandelt den überbezahlten Sprint und der tatsächliche Aufwand ist höher als der geschätzte Aufwand. Der Mehraufwand wird dann mit 60% des üblichen Preises verrechnet, so dass der Auftragnehmer möglichst schnell arbeitet und der Auftraggeber nicht mit übermäßigen Zuzahlungen rechnen muss.

Die Bepreisung mit der Personalbedarfsplanungs-Tabelle als Grundlage kann bei Projekten jeder Größe angewandt werden.

4 Schlussbetrachtung

Zusammenfassend lässt sich feststellen, dass sich die Verwendung von Personalbedarfsplanungs-Tabellen, sowie die darin enthaltene Berechnungsgrundlage, VZÄ, positiv auf das Projekt auswirkt. Es sorgt für einen beruflichen Nutzen hinsichtlich der Zeitplanung und des Zeitmanagements und es ist im Wesentlichen durch die einzigartige Übersicht in der Gesamtheit gekennzeichnet. Nicht nur kann eine Orientierung für die anfallenden Kosten geschaffen werden, sondern es ist auch ersichtlich welcher Mitarbeiter wann an einem Projekt arbeitet und wann er für andere Projekte verwendet werden kann.

Jedoch hat die Wasserfall-Methode zu viele Einflussfaktoren, dass man sich bei der Bepreisung nicht nur auf die oben aufgeführte Tabelle verlassen kann. Aus der Praxis ist ersichtlich, dass 50 – 80% der Projekte bei klassischer Verfahrensweise nicht im geplanten Zeit- und Kostenrahmen durchgeführt werden können. Demnach wird hier die Tabelle lediglich als Orientierung verwendet und bei einer Individualsoftware-Lösung am besten aufwandsbezogen abgerechnet. Individualsoftware ist zu komplex und die anfänglichen Gesamtkosten werden von den schlussendlichen Gesamtkosten abweichen. Das liegt daran, dass die Auftraggeber bei dieser Art von Projekt wenig eingebunden sind und Anforderungen am Anfang noch unklar sind und nur die Richtung, aber nicht die Details bestimmen. Schlussfolgernd ist ein Festpreis-Modell zu riskant.

Bei dem agilen, iterativem Modell Scrum ist die Personalbedarfsplanungs-Tabelle die Grundlage für das Preismodell. Dies funktioniert trotz intensiver Kundenkommunikation und sich ändernder Anforderungen, da Sprintweise mit dem flexiblen Bepreisungs-Modell abgerechnet wird. Dabei ist es nicht relevant ob kleinere oder größere Projekte durchgeführt werden.

Letztendlich ist die Verwendung der Personalbedarfsplanung in Kombination mit dem Vollzeitäquivalent unerlässlich und erweist sowohl bei der Wasserfall-Methode als auch bei der Scrum-Methode als Vorteil, wenn man auf die Einflussfaktoren beider Projekt-Methoden achtet.

III. Literaturverzeichnis

Fürst, Andrea Dipl.-Kffr. (01.01.2010): „Abbruchentscheidungen in Softwareentwicklungsprojekten - Die Entwicklung eines kennzahlenbasierten Modells zur Entscheidungsunterstützung.", <https://www.google.com/url?sa=t&rct=j&q=&esrc=s&source=web&cd=&ved=2ahUKEwjG8dqX3N7zAhUWhv0HHYaGAZ0QFnoECAMQAQ&url=https%3A%2F%2Fopus4.kobv.de%2Fopus4-uni-passau%2Ffiles%2F135%2FFuerst_Andrea.pdf&usg=AOvVaw0WNYTXTqQCSbp56Kou66Ce>
[Zugriff am 22.10.2021]

Gehalt.de (01.01.2021): *„Gehalt Developer"*,
<https://www.gehalt.de/einkommen/suche/developer>
[Zugriff am 19.10.2021]

Gehalt.de (01.01.2021): *„Gehalt Devops"*,
<https://www.gehalt.de/einkommen/search?searchtext=Devops&location=>
[Zugriff am 19.10.2021]

Gehalt.de (01.01.2021): *„Gehalt Field Expert"*,
<https://www.gehalt.de/einkommen/search?searchtext=Field+Expert&location=>
[Zugriff am 19.10.2021]

Gehalt.de (01.01.2021): *„Gehalt Product Owner"*,
<https://www.gehalt.de/einkommen/search?searchtext=Product+Owner&location=>
[Zugriff am 19.10.2021]

Gehalt.de (01.01.2021): „Gehalt Projektleiter",
<https://www.gehalt.de/einkommen/search?searchtext=projektleiter&locatio
n=>
[Zugriff am 19.10.2021]

Gehalt.de (01.01.2021): „Gehalt Qualitätssicherung",
<https://www.gehalt.de/einkommen/search?searchtext=Qualitätssicherung&l
ocation=>
[Zugriff am 19.10.2021]

Gehalt.de (01.01.2021): „Gehalt Requirements Engineer",
<https://www.gehalt.de/einkommen/search?searchtext=Requirements+Engi
neer&location=>
[Zugriff am 19.10.2021]

Gehalt.de (01.01.2021): „Gehalt Scrum Master",
<https://www.gehalt.de/einkommen/search?searchtext=Scrum+Master+&loc
ation=>
[Zugriff am 19.10.2021]

Gehalt.de (01.01.2021): „Gehalt Software Architekt",
<https://www.gehalt.de/einkommen/search?searchtext=software+architekt&l
ocation=>
[Zugriff am 19.10.2021]

Gehalt.de (01.01.2021): „Gehalt UX-Designer",
<https://www.gehalt.de/einkommen/search?searchtext=UX-
Designer+%2F+Designerin&location=>
[Zugriff am 19.10.2021]

Magazin, CONTROLLER. (02.05.2012): „CONTROLLER Magazin, Heft 3/2012"
<https://eds.a.ebscohost.com/eds/detail/detail?vid=4&sid=1b27c69e-3485-
44d7-8014-946c50731fb7%40sdc-v-

sessmgr03&bdata=Jmxhbmc9ZGUmc2l0ZT1lZHMtbGl2ZSZzY29wZT1zaX
Rl#AN=edswis.COWI201205026974&db=edswis>
[Zugriff am 18.10.2021]

Meyer, Larry (01.01.2006): „Project Management Institute", *Business process*
optimization: combining project management and six sigma best practices to
better understand and optimize critical business processes"
<https://www.pmi.org/learning/library/optimization-project-management-six-
sigma-8010?__cf_chl_captcha_tk__=pmd_mB3GDBNk-
dmA14woDnyW7GOoM8Xxwv.KbMpv7qe55KuQ-1634465158-0-gqNtZ-
GzNA2WjcnBszQdl>
[Zugriff am 17.10.2021]

Raso, Stiven. (01.01.2015): „Software Engineering Skript",
<http://stivenraso.de/fom/SE/2015_SS_FOM_SE.pdf>
[Zugriff am 17.10.2021]

Shiklo, Boris (06.10.2019): „ScienceSoft.", *„8 Vorgehensmodelle der*
Softwareentwicklung: mit Grafiken erklärt."
<https://www.scnsoft.de/blog/vorgehensmodelle-der-
softwareentwicklung#scrum>
[Zugriff am19.10.2021]

Urdhwareshe, Hemant (01.01.2011) „Google Books", *„Six Sigma for Business*
Excellence: Approach, Tools and Applications"
<https://books.google.de/books?id=mXflPHBh7qUC&pg=PR3&lpg=PR3&dq
=dasari+vinod+six+sigma+for+business+excellence&source=bl&ots=PyDA5
YlSex&sig=ACfU3U0B0fFCdfgo5-
n5vdOMgZ1qgdbmTw&hl=de&sa=X&ved=2ahUKEwixycCu7dHzAhWUQuU
KHU0KCbgQ6AF6BAgNEAM#v=onepage&q=dasari%2>
[Zugriff am 17.10.2021]

BEI GRIN MACHT SICH IHR WISSEN BEZAHLT

- Wir veröffentlichen Ihre Hausarbeit,
  Bachelor- und Masterarbeit

- Ihr eigenes eBook und Buch -
  weltweit in allen wichtigen Shops

- Verdienen Sie an jedem Verkauf

Jetzt bei www.GRIN.com hochladen und kostenlos publizieren